Ingeborg Bauer

Wege in die Abstraktion
Lyrische Betrachtungen

Ingeborg Bauer

WEGE IN DIE ABSTRAKTION

Lyrische Betrachtungen

auch ABSTRAKTION
wächst aus dem
LEBENDIGEN

Text, Fotos und Layout: Ingeborg Bauer

Bibliografische Information der Deutschen Nationalbibliothek:
Die Deutsche Nationalbibliothek verzeichnet diese Publikation in der Deut-
schen Nationalbibliografie; detaillierte bibliografische Daten sind im Internet
über < http://dnb.d-nb.de > abrufbar.

© 2013 Ingeborg Bauer
Herstellung und Verlag: BoD - Books on Demand, Norderstedt
ISBN: 978-3-7322-3992-4

Inhalt

WEGE IN DIE ABSTRAKTION

Lyrische Betrachtungen

auch ABSTRAKTION
wächst aus dem
LEBENDIGEN

Von Anfang an, von den ersten Skulpturen und Felszeichnungen des Megalithikums, der Zeit zwischen 40 000 und 12 000 Jahren vor unserer Zeit, versucht der Mensch, sowohl Natur realistisch abzubilden, als auch von ihr zu abstrahieren, eine Metapher zu bilden, ein Symbol. Er zeichnet lebensecht die Tiere, die ihm begegnen, die er jagt, bannt sie auf Felswände. Doch schafft er auch hybride Figuren, Mischwesen. Er abstrahiert die menschliche Gestalt zu Idolen, zu Strichmännchen, überbetont das Körperliche im Hinblick auf Fruchtbarkeit. Der frühe Mensch lernt Spuren zu lesen, Zeichen zu setzen. Er erobert die Linie, schafft zur gleichen Zeit das Abbild und die Abstraktion, die Umformung des Realen. Abstraktion heißt, etwas abziehen, ablösen von der äußeren Gestalt, sie auf ein Wesentliches reduzieren, das nicht mehr Abbild sein will, sondern etwas Darüberhinausgehendes, im weiten Sinne Transzendentes, zur Darstellung bringen will. Auch die Abstraktion ist mit dem Leben verbunden.

BILD - ZEICHEN – BILDZEICHEN

Vom Bild zum Zeichen
Vom Ursprung der Schrift

Es ist die Frage,
will ich mich einlassen
auf diese Zeichen
sie scheinen in sich zu ruhen
hermetisch - dem ägyptische Gott
verpflichtet in ihrem
So-und-nicht-anders-Sein.

Spuren allüberall
im feuchten Sand
im kristallinen Schnee
in der Asche der Feuerstelle,
Zeichen an Felsüberhängen,
an Höhlenwänden
im Ungangbaren -
Bilder, bildhafte Zeichen,
eröffnen sie den unmittelbaren Zugang
zu den Dingen, führen sie auf direktem Wege
zurück in ein angenommenes Paradies,
in Ursprünge vor einer Babylonischen
Verwirrung der Sprachen?
Am Anfang stand das Bild,
der Umriss des gejagten Tieres.
Daneben verblasst der Jäger, der sich

die Kräfte des erlegten Tieres anzueignen
wünscht, der sich die Sphäre
der geflügelten Wesen erträumt.

Zum Bild gesellt sich das Zeichen,
enigmatisch verschlüsselt, im besten Falle
zu erahnen. Der Mensch platziert sich nun
gleichwertig gegenüber der Herde.
Die Bilder entwickeln sich
ähnlich dem Zeichnen der Kinder:
die Linie, die sich schematisch, abstrakt
der Umwelt nähert, bemächtigt sich
ihrer im Abbild. In einer weiteren Phase
zieht eine neue Wertung ein, die hinter
der Realität sich einer inneren Wahrheit
bemächtigt und sie in einen phantastischen
mythischen Bereich überführt:
jetzt werden Bilder zu Zeichen,
aus der Sprache der Bilder erwächst
eine Sprache jenseits der Bilder,
Lautzeichen, die sich zum Alphabet
strukturieren. Jetzt muss man das Lesen
erlernen, hier beginnt die Verabsolutierung
der Zeichen. Die Rune trennt nun
die Eingeweihten von den Unkundigen,
die Zunft des Schreibers entsteht
aus einem magischen Kontext.

Zurück zu den Bildern,
den dem Bilde verhafteten Zeichen,
den vom Fels geschaffenen Räumen,

in die der Mensch sich zurückzieht
in entscheidenden Momenten
seines Daseins. Mystische Räume
mit der Aura des Überirdischen,
die Kontakte ins Kosmische ahnen lässt,
den Menschen in einen Kontext stellt.
An solchen Orten finden sich
diese frühen Spuren in den rauen Fels
gezeichnet, ausgehend von den
Gegebenheiten der Oberflächen,
die Anregung bieten für die so sicher
gesetzten Linien. Man kehrt zurück
an diese Orte, und spätere Generationen
nehmen Übermalungen vor,
legen ihre Sicht über die der Vorfahren,
reihen sich ein in die Folge der Generationen.
Zu den Bildern fügen sie Zeichen,
deren Lesbarkeit uns Grenzen setzt.
Vielleicht verbirgt sich der Alltag
hinter den Zeichen oder aber ein Mythos,
mit dessen Hilfe der Mensch sich die Welt
zu erklären sucht.

Der Mensch unserer Zeit spürt das Faszinosum
hinter dem Schleier der versteckten Form,
in diesen durch Ablagerungen und Abblätterungen
geschaffenen Licht- und Schattenwelten.
An diesen in der Vorzeit gestalteten Wänden
finden wir uns erstaunlich wieder: in einer
in der Abstraktion erahnten inneren Welt.

Das Déjà-vu-Erleben,
die Nähe zur modernen Kunst,
die Herausforderung
durch äußere Gegebenheiten,
das Einbeziehen des Malgrunds
in die Gestaltung, Anbinden,
Einbinden der Form in die Unterlage,
Schichtung der Konzepte,
ein Übereinander und Ineinander.
Scherenschnittartig gelängte Figuren
in äußerster Vereinfachung. Reduktion
der Binnenzeichnung, statisch verharrend,
dynamisch bewegt: Schattenfiguren –
Platonische Spiegelungen.

Nirgends eine Basis, ein Grund.
kein Weg und kein Horizont:
keine Verortung; es sei denn
der Fels als solcher,
der über sich hinausweist.

Spuren allüberall
im feuchten Sand
im kristallinen Schnee
in der Asche der Feuerstelle,
Zeichen an Felsüberhängen,
an Höhlenwänden
im Ungangbaren -
Bilder, bildhafte Zeichen,
sie wirken unmittelbarer
als die Äußerungen der Schrift.
Doch ist die sprachliche Formung
präziser, weniger beliebig,
weniger hermetisch und
der Subjektivität verhaftet.
Sprache und Bild haben Teil
am kollektiven Gedächtnis.
Doch gehört der unmittelbare
Zugang zu den Dingen,
zum Traum vom Paradies,
dem Bild.

ABSTRAKTION UND FIGURATION

Abstraktion und Figuration

Wenn die Form sich
der Figuration verweigert,
so bleibt sie doch verhaftet
den Dimensionen unserer Welt.
Nicht auszulöschen sind
die Erinnerungen des Ichs,
die sich der Farbe, der Linie
anvertrauen, einem Rhythmus,
der Raum und Zeit angehört
und abstrakte Konturen setzt
an die Stelle der Figuration -
doch löst diese abstrakte Welt
Empfindungen aus, Anmutungen,
Gefühle, die der Betrachtende
in seine Welt überträgt.
So gesehen rückt das Abstrakte
in die Nähe der Figuration,
verliert sich der Widerspruch.

Über Linie und Farbe in der Abstraktion

Das Rationale der Linie
ihre Winkelzüge, ihre Wellen und Kreise –
es kommt zu Berührungen, Überschneidungen,
einem Herausschälen von Raumsegmenten:
das weiche Warme und das harte Kalte
gehen eine symbiotische Verbindung ein.

Schnittflächen schaffen Räume,
die eine Spannung zwischen
Hell und Dunkel auspendeln,
die einem Entweder-Oder
das Sowohl-als-Auch entgegensetzen –
das Rationale der Linie zeichnet sich ab
vor zerfließenden amorphen Farbflächen,
die das Emotionale einbringen
und an das Unsagbare anknüpfen.

auch die Abstraktion
führt zurück ins Leben

Der Künstler als Seiltänzer
zwischen der Gestalt und dem Absoluten,
der losgelösten abstrakten Form,
eilt vom Punkt zur Linie.
Verwischte Ränder stoßen auf scharfe Kanten.
Die Arabeske drängt sich in die Geometrie,
aufs engste verzahnt erscheint
das Biomorphe mit dem Kristallinen –
ihre Verschmelzung
verbindet Nähe und Raum.
Aus Lichteinfall und Schattenwurf
zieht der Betrachtende
unwillkürlich Rückschlüsse
auf die ihn umgebende Welt
und kommt zu der Erkenntnis,
dass auch die Abstraktion
ins Leben zurückführt.

STUTTGARTER SCHULE (I)

Adolf Hölzel (1853-1934)

Adolf Hölzel ist von 1905 bis 1919 Lehrer an der Kunstakademie in Stuttgart. Gemeinsam mit Oskar Schlemmer bemüht sich Willi Baumeister 1919 um die Berufung Paul Klees als Nachfolger Adolf Hölzels an die Königlich Württembergische Kunstakademie in Stuttgart, was misslingt.

1905 malt Hölzel mit seiner „Komposition in Rot I" eines der ersten abstrakten Gemälde der Kunstgeschichte. „Abstrakt" meint hier nicht allein die Loslösung vom Bildgegenstand, sondern vor allem eine Malerei, die das Bild in erster Linie als mit Farbe bedeckte Fläche sieht. Ziel dieser Kunst ist es nicht, die Wirklichkeit möglichst augentäuschend abzubildend, sondern im Malprozess die „künstlerischen Mittel", die Farben, Formen, das Format des Bildes, umzusetzen. Diese „künstlerischen Mittel" sind abstrakt.

„Er [der Maler] hat keine wirkliche Natur, die er ins Bild setzt oder pflanzt. [...] Für ihn ist der Baum kein Baum, der Mensch kein Mensch, das Haus kein Haus, alles setzt sich für ihn aus Linien, helleren, dunkleren und farbigen Formen [...] zusammen. Alles, was wir darstellen [...] kann nur mit diesen Mitteln gegeben werden [...]. Zuerst muss das Werk

des Malers [...] ein abstraktes Bild sein und kann erst dann auch eine Darstellung werden."

Adolf Hölzel

Hölzel arbeitet mit einem linearen Grundgerüst, das die ganze Fläche des Bildes überzieht. In dieses Raster fügt er die reinen Farben des Spektralkreises und setzt sie in komplementäre Spannungen zueinander. Es geht Hölzel um Farbakkorde, die er in verdeckte Konstruktionslinien einsetzt: Diagonale, Quadrate, Kreise und der Goldene Schnitt. Alles auf einem Bild ist überall in diese geradezu kristalline Flächenstruktur eingebunden. Doch wächst aus dem abstrakten Raster bei Hölzel häufig die Gestalt, wird eine Geschichte angerissen, verbirgt sich christlicher Mythos. Ein Bild ist für Hölzel stets ein harmonisches Ganzes, Versöhnung.

Adolf Hölzel: Einiges über die Farbe in ihrer bildharmonischen Bedeutung und Ausnützung. Mit einer Einführung von Wolfgang Kermer (staatliche Akademie der Bildenden Künste), Stuttgart 1997

Kunst ist eine Wissenschaft – Hölzel, Baumeister und die Stuttgarter Akademie, Hrsg. Ulrike Gross und Daniel Spanke (Kunstmuseum Stuttgart), darin vor allem: Daniel Spanke: „Dem Selbständigen die Wege zu ebnen" Adolf Hölzel und Willi Baumeister – Lehrer, Schüler, Künstler

Adolf Hölzel – zwischen Abstraktion und Figuration

Adolf Hölzel
Komposition Malerisch-Rhythmisch, um 1930

Farbsplitter
prismatisch
rhythmisch
im Raum
verankert –
Facetten umrandet
ineinander verfugt.
Gebannt blickst du
entlang der Furchen
der verbleiten Fugen
und stößt auf Details.
In figurativen Resten
entdeckst du Weltläufte
das Kind und die Mutter
die Menschheit aufsteigend
aus den Höhlen der Vorzeit
über Babylon
in die nebeldumpfe
brütende Urbanität.

Adolf Hölzel
ohne Titel, um 1930

Runde Formen,
die in sich ruhen –
Formen, die bergen --
Menschen, die sich
um eine Mitte beugen
vor großem Licht
und einem Rot, das,
so sagt Paul Klee,
hinauf zum Himmel führe.
Eine gemalte Metapher,
ein weihnachtliches Bild –
ohne Titel.

Adolf Hölzel
Komposition mit rotbraunen Formen, 1925/30

Ein Aufbegehren
der Zeichen
eine aufbrechende
Geschichte
als hätten sich
einzelne Chiffren
selbständig gemacht
als löse sich Rot
aus dem besonnenen
Blau, walle als Feuer
als kochendes Blut
probe den im Inneren
entfachten Aufstand.

Adolf Hölzel
Komposition mit Kreis, um 1930

Ein Siegelring
mit figurativen Formen –
eine Madonna
in sich ruhend
im Blau ihres Kleides
eingefasst
von farbigen Formen
auf rotem Grund –
ein gelassenes Ganz-
bei-Sich-selber-Sein.

Adolf Hölzel
Komposition mit eingeschriebenem Dreieck,
1925/30

Ob Kreis
ob Dreieck
die rotierenden Teile
werden gehalten
von einer großen
beherrschenden Geste.
Es kreisen die Teile
um eine unauffällige
blaue Mitte –
darin verborgen
die menschliche Gestalt.

Adolf Hölzel
Komposition Malerisch-Rhythmisch, um 1930

Formen wirbeln im Raum –
ein dichter Nachthimmel
in wogender Brandung –
ein Kreisen um eine erahnte Nabe –
das scheinbare Chaos
kreiert Ordnung –
die Beliebigkeit einer
vom Zufall beherrschten Welt
ist in die Ferne gerückt.

Adolf Hölzel
Entwurf für Pelikanfenster, 1932

Eine Brosche am
festlichen Gewand – das Weiß
von Engelsflügeln.

(Haiku)

Adolf Hölzel,
Abstrakte Pyramide, um 1928

Formen um eine
Mitte – farbiger Rhythmus
stille Harmonie.

(Haiku)

STUTTGARTER SCHULE (II)

Willi Baumeister (1889-1955)

Willi Baumeister hat von 1910 bis 1918 bei Adolf Hölzel in Stuttgart studiert. 1946 wird er selber an die Staatliche Akademie der Bildenden Künste in Stuttgart berufen.

Für Baumeister geht es darum, „die geheime Mathematik der Bildform zu finden: Innere Klarheit, Logik, Prägnanz, Funktionsausdruck aller Beziehungen innerhalb der Bildfläche, Gesetzmäßigkeit. [...] Es ist das Suchen und Festlegen einer Gesetzmäßigkeit, die nicht von außen an das Werk herangetragen wird, sondern erst innerhalb des Werkes ihre Dokumentierung findet. [...] Das Bild soll kein Zu-Fall [sic!] sondern Endfall sein. Eine endgültige Gestaltung. Völlig in sich abgeschlossen, wie eine Welt ganz für sich."

Konrad Düssel , zitiert nach: Kunst ist eine Wissenschaft – Hölzel, Baumeister und die Stuttgarter Akademie, Hrsg. Ulrike Gross und Daniel Spanke (Kunstmuseum Stuttgart), darin vor allem: Daniel Spanke: „Dem Selbständigen die Wege zu ebnen" Adolf Hölzel und Willi Baumeister – Lehrer, Schüler, Künstler , S.24

„Seit 1919 fügt er strenge Figuren aus geometrischen Bildteilen zusammen, die deutlich machen, dass es [...] um die Bildung einer ‚Bildarchitektur' geht, der auch die menschliche Gestalt anverwandelt wird." Ausgangspunkt ist „ein ausgeglichenes Arrangement von Bildelementen auf der Fläche, in das auch wieder ein Motiv hineinkomponiert werden kann. [...] Baumeister lässt die Bildkomposition bis in die 1930er Jahre hinein häufiger von einer Figuration in der Flächenmitte ausgehen. [...] Die einzelnen Formen sind aber sehr wohl innerhalb eines planimetrischen Liniensystems ausgebildet. [...] Arrangiert werden die Formen dann um den Kern einer Figur." ,Figur' ist hier durchaus abstrakt zu verstehen.

Kunst ist eine Wissenschaft a.a.O.: Daniel Spanke: „Dem Selbständigen die Wege zu ebnen" Adolf Hölzel und Willi Baumeister – Lehrer, Schüler, Künstler , S.25 und 31

Über nicht näher definierte Flächen scheinen organische, an Amöben erinnernde, aber auch geometrische Formen zu schweben. Ein unsichtbares Raster von Linien liegt der Komposition zu Grunde, das aber im Gegensatz zu Hölzel nicht zur Darstellung kommt. Doch stellen sich auch bei Baumeister mit abstrakten Mitteln figurative, ja narrative Assoziationen ein.

Analog zu Hölzel wird eine Eigenständigkeit des Bildlichen angestrebt. Das Motiv erscheint aus den künstlerischen Mitteln heraus (Baumeister spricht von „elementaren Mitteln"), nicht umgekehrt. Zeichnungen, die Hölzel aus Tintenflecken entwickelt hat, werden bei Baumeister figurativ interpretiert, wie zum Beispiel der „Läufer". Lineare und flächige Formen überschneiden sich, durchdringen einander, treten in einen Dialog.

„Die Formen tauchen während des Malens in der Vorstellung des Künstlers auf. Eine Form löst die andere aus wie im Traum oder auch beim Denken ein Einfall den anderen."

Willi Baumeister, 1947

Eine Serie bei Baumeister trägt den Titel „Eidos-Bilder" - ‚eidos' ist das griechische Wort für „Gestalt, Form, Materie oder Wesen". Der Maler verbindet mit dem Begriff die Suche nach dem Ur-Zeichen, der Ur-Form, einer Sprache, die in die Anfänge der Menschheit zurückgeht. In der Form verborgen liegt das Wesenhafte, Wesentliche, eine Bedeutung, die erahnt, aber nicht direkt verbalisiert werden kann, die etwas Gleitendes, Schwebendes, Fluktuierendes hat und sich der Fixierung und damit einer Eingrenzung und Begrenzung verweigert. In der Reduktion vollzieht sich eine Verdichtung und gleichzeitig eine Auflösung, eine Anpassung des Allgemeinen und Archaischen an das Individuelle und Einzigartige. Jeder Künstler wird sich seines ganz persönlichen Vokabulars bedienen. Daraus ergibt sich eine Erschwernis der Lesbarkeit. Es wird immer ein Rest von Rätselhaftigkeit für den Betrachter bleiben, etwas, das über das rein Materielle eines Bildes hinausgeht, auf Transzendenz verweist. In der Lyrik würde man vielleicht vom Einschluss des Unsagbaren im Sagbaren sprechen.

In dieser immaterialisierten Sphäre verbirgt sich Magie, bei Baumeister auch der Mythos. Im Gegensatz zu den späteren abstrakten Bildern von Kandinsky lässt Baumeister persönlich geprägtes, figurativ Erinnertes in seinen abstrakten Bildern zu. Er lässt dem Betrachter große Freiheiten dahingehend, wie er ein entsprechendes Bild betrachten möchte. Das Bild kann „nicht eindeutig und nicht deutbar" sein, sagt der Künstler.

„Der Künstler wird nur jene Formen erkennen, die ihm zu einer Aussage dienen. Das Adäquate im Menschen, das, worin er ein Symbol seiner selbst findet." Willi Baumeister

Nicola Assmann, „Willi Baumeister – der Maler im Dialog mit den „elementaren" Kunstformen der Welt" in: Willi Baumeister, Dialog der Kulturen (Edition Schlichtenmaier), Zitate S.7,8 und 12

Willi Baumeister
Afrikanischer Tanz, 1942

Figurinen mit Vogelschnabel
der Aura von Schamanen
geheimen Zeichen
angenähert den Chiffren
auf Kartuschen –
ein Tanz mit Schatten
Bodenhaftung
gewährend.

Willi Baumeister
Jacques Callot gewidmet, 1941

Zeichen
versehen mit dem Hauch
von Figurativem
den Menschen betreffend
Auge und Hand
als anvisierte Chiffren –
Erde, Wasser und Feuer
Tag und Nacht –
und alles eingelassen in
Wüstensand: Fossile
Reste alter Kulturen.

Willi Baumeister
Gilgamesch (1943)

Bildzeichen – Zeichenbilder
ein Spiel mit der Wahrnehmung
des Textes – eine Verformung
und subjektive Setzung von Chiffren:
Gilgamesch, wohin läufst du?
Das Leben, das du suchst, findest du nicht!

Ein Gesicht wie auf den Betylen der Nabatäer
reduziert auf die Urform, die der Ergänzung
bedarf, die der Mensch selbsttätig vornimmt:
Augen und Hände schweben über den Wassern:
Du sollst dir kein Bildnis machen –
doch ist das Bild Zeichen, Verweis.

Und Gilgamesch baut
eine Mauer – eine komplexe Struktur
aus kantigen Formen, ein gekröntes
Labyrinth, das zugleich Schutz
und Eingrenzung bedeutet.

Ein Drittel ist Mensch in Gilgamesch
zwei Drittel sind Gott – Schatten fällt
vom menschlichen Körper auf
die göttliche Krone, das Gestirn.

Aus der amorphen Form
schafft die Göttin den Menschen
einäugig und sterblich.

In Stein geritzte Zeichen
evozieren Bilder und
erzählen eine alte Geschichte
indem sie erneut Spuren legen
auf sepiafarbenem Sand.

Willi Baumeister
Troja, 1944

als zögere die Hand
dem Mythos einen festen
Umriss zu verpassen, ihm
ein Zuviel an Bedeutung
beizumessen, und so verlaufen
die Linien im Sande –
doch stehen die Figuren noch immer
zum Kampf bereit einander gegenüber –
auch wenn der Mythos untergeht
im Nebel ferner Zeiten, so drohen
andere Kriege unverblümt
an Trojas Stelle zu treten.

Willi Baumeister
Urzeitgestalten, 1946

Ein Raster aus Zeichen
ineinander verkeilt –
verbundene Zellstrukturen
amorphe Entwicklungen
Metamorphosen zu Gliedern
zu Händen, als wollten sie
selbständig eine Welt erschaffen.
Embryonen im Werden
Urformen von scheinbarer
Beliebigkeit – ein Alphabet
das Anmutungen zulässt.

Willi Baumeister, ARU 8, 1955

Aru geht auf „Aruru", die große des Formens
kundige Göttin" zurück, die Enkidu aus dem
Gilgamesch-Epos erschaffen hat

An manchen Tagen
breitet der große schwarze Vogel
mit spitzem Schnabel und
gespreizten Federn
seine Schwingen über
die farbige Welt -
dann entfaltet die schwarze Blume
ihre Blütenblätter
über Himmelsblau und Erdenschwere.
Doch im Dämmerlicht des Abends
verborgen Engelsflügel.

Willi Baumeister
Amenophis, Farbserigraphie, 1950
Grün – Komposition in Grün, 1954
Afrika, 1942

Grundsatzfrage

Ein unsichtbares Gitter
hält die Zeichen
farbige Chiffren
mit figurativer Gestik:
Ist Kunst Ausdruck
einer individuellen
vorausschauenden
Annäherung
an ein unbewusstes
nicht-verbales
Erfassen von Dingen
von Zusammenhängen –
der Versuch einer persönlichen
subjektiven Ordnung
von archaischer Gültigkeit?

Willi Baumeister
Auferstehung (Fragment), 1952

Fragment aus einem 1952 entstandenen
Auferstehungsbild, das Baumeister selbst in Teile
zerlegte, weil ihm – laut Felicitas Baumeister – die
Gesamtkomposition weniger zusagte als deren
Teile.

Auferstehung –
in Fragmente zerlegt
in an der Welt haftende Teile
die einander verlieren
auf die Suche gehen
und nun zu einer
fragilen Figuration
finden –
nur als Anmutung
erscheint dieses Wunder
noch fassbar.

Willi Baumeister
Braunes Reliefbild, 1954

Auf rotbraunem Fels
scheinbar abstrakte Formen
Hieroglyphen mit figurativen
Elementen im Zentrum –
der Mensch als Kopffüßler
roduziort auf das Denken
den aufrechten Gang
in Konfrontation mit
einem menschenähnlichen
Wesen – Rückblick auf Details
einer nicht mehr rückgängig
zu machenden Evolution.

Willi Baumeister
Montaru-Kreis II (1953)

Der Titel setzt sich aus dem lateinischen Wort ‚mons'
(Berg) und dem Namen des biblischen Berges Ara-
rat in Armenien zusammen.

Als ob sich der Kreis schließe
und die Angst zunehme
vor der großen Dunkelheit –
und doch gibt es sie
diese Momente
der Lebensfreude
des figurativen
kreativen Gestaltens
und wären es auch nur
zarte Linien, amorphe Zeichen
Erinnerungen, die sich
in den Vordergrund
schieben und Rettung
verheißen wie einstmals
die Arche, die auf dem
Heiligen Berg landete.

STUTTGARTER SCHULE (III)

Oskar Schlemmer (1886-1943)

Oskar Schlemmer
Abstrakte Köpfe, um 1922/23

Aquarell und Feder in Sepia über
Bleistift auf Transparentpapier

Köpfe
zu Musik
instrumentiert
ineinander verfugt
Gedanke sein
einer des andern
und Gefühl
auch wenn die Richtung
der Blicke sich unterscheiden.

Oskar Schlemmer und das „Triadische Ballett" (1922 uraufgeführt)

Die „künstlerischen Mittel", die Adolf Hölzel als Basis seines Schaffens sah, sind auch Voraussetzung der Kreativität seiner Schüler. Willi Baumeister bezeichnet sie als „elementare Mittel", und Oskar Schlemmer überträgt sie in die dritte Dimension, in den Raum. In ihm bewegt sich nun ein Tänzer, dessen Körper in geometrische Grundformen eingebunden ist. Der Tänzer wird so zu einer Puppe oder Marionette, die gerade durch ihre Künstlichkeit wirkt. Durch diese Abstraktion wird die menschliche Figur akzentuiert, überhöht. Sie wird entindividualisiert. Ihr Körper passt sich der Geometrie des Kostüms an, das Kostüm bestimmt die Art der Bewegung, Drehen, Kreisen, Schreiten. Der Tänzer wird zum makellos funktionierenden Maschinenmenschen. Der Tanz strukturiert den Raum, der Raum den Tänzer. Die Geometrie bestimmt die Figuren, ihre Gestik. Die Abfolge ihrer Bewegungen wird durch ein vorgezeichnetes Liniennetz bestimmt. Solche Raster können aus Spiralen bestehen oder schachbrettartigen Mustern. In jedem Falle handelt es sich um eine konsequent realisierte geometrische Verflechtung.

Dieses Ballett hat Affinität zum Puppenspiel, zum Marionettentheater, wie Kleist es beschreibt, wo es gerade das Fehlen von Bewusstsein der Figurinen erlaubt, etwas Allgemeines, Gültiges, ja Heiles zum

Ausdruck zu bringen. Oskar Schlemmer wurde im ersten Weltkrieg verwundet, und diese Erfahrung lässt ihn, ähnlich wie Fernand Léger, die Perfektion der abstrakten Puppe, des Maschinenmenschen als Erneuerung und Harmonisierung des Sozialen begreifen.

Bis zu drei Tänzer tanzen auf der Bühne in 18 Kostümen. ‚Drei' ist die magische Zahl des Balletts und bezieht sich auf den Dreiklang von Kostüm, Bewegung und Musik, auf Raum, Form und Farbe, auf die geometrischen Grundformen von Kreis, Quadrat und Dreieck, die Grundfarben Rot, Gelb und Blau. Zudem wird das Ballett unterteilt in drei Akte, die sich durch drei unterschiedliche Raumklänge unterscheiden. Begleitet werden die einzelnen Phasen von klassischer Musik (Händel, Mozart, Haydn) und von moderner Musik (Hindemith u.a.).

Der erste Raum ist gelb getönt und wird als „burlesk und pittoresk" charakterisiert. Der Tanz der Dame in quergestreiftem Rock hat etwas Leichtes, Verspieltes, dazu gesellt sich der „Taucher" mit einem Kugelgesicht, runden Augen, runder Nase und einem ebensolchen Mund. Dies erzeugt einen komischen Effekt. Eine Figur mit Kugelarmen folgt einem Paar in Weiß. Der Harlekin beschließt diesen ersten Akt.

Der zweite Raum ist rosa getönt und wird als „seriös und festlich" bezeichnet. Bodenraster sind sowohl Schachbrett, als auch Kreis. Hier sind Anklänge an

Höfisches gegeben. Drei flache Stufen auf der einen Seite entsprechen einer schiefen Ebene auf der anderen, die Aufgänge werden geschlechtsspezifisch genutzt. Musikinstrumente werden in die Bewegungen zweier Tänzer eingebunden.

Der dritte Raum hat einen völlig in Schwarz getauchten Hintergrund. Der Akt wird „heldisch und monumental" genannt. Eine Tänzerin im Spiralrock tanzt entlang einer aufgezeichneten Spirallinie klassisches Spitzenballett, dann erscheinen die Scheibentänzer, von denen zunächst nur Fragmente auf dem schwarzen Grund auftauchen. Das hat etwas Magisches. Ihre Bewegungen mit den runden Scheiben, in die sie eingepasst sind, erinnern an Sonnen, an Gestirne, an Kosmisches. Das mechanische Heben und Senken der Arme hat etwas von den Zeigern einer Uhr. Auf einem Schachbrett tanzen dann die beiden Scheibenfigurinen mit der weiblichen Drahtfigurine. Alles erscheint rund und vollkommen und ist von einem hohen Grad an Abstraktion. Abschließend erscheint nun die einzige unsymmetrische Figur, der „Abstrakte", dessen Kostümierung durch die Diagonale strukturiert ist und der die Spirale auf der Brust trägt: Abgesang.

Oskar Schlemmer
Das Triadische Ballett, 1922

Es dominiert der Kreis
das Runde –
die geometrische Form
bestimmt die Körper
im Raum, den Tanz
über die Lineaturen –
das Drehen von Kreiseln
das Schreiten massiver
Körper gebunden
durch die abstrakte Form.
Der Kreis wird zur Kugel
und öffnet sich zur Spirale –
eine Eroberung des Raums
durch die Mathematik.

Der Tanz auf dem Schachbrett
das Gleiten über die spiralige
Linie, Begegnung mit dem
alternierenden Prinzip –
Magie von Hell und Dunkel
vom Wandel der Perspektive –
und der Glaube, dass der Raum
sich so selbsttätig ordne, dass Heil
flösse aus der abstrakten Form.

Gelb – „burlesk und pittoresk"

In helles Gelb getaucht der Raum
der Kindheit – verspielt und heiter
hüpfend auf dem gerasterten Grund
Himmel und Hölle nicht eigentlich
erfahrend beim Tanz im bunten Röckchen
dazu die komische Taucherfigur –
Kindchenschema und Babypuppe
der Schmetterling in seiner Larve –
das Paar in Weiß im Zauber des Beginns
und der Einbruch des Burlesken
in der Figur des Harlekin.

Rosa – „seriös und festlich"

In höfisches Rosa getaucht
festlich sich ergehend
die Figurinen zu klassischen Klängen
Schachbrettetikette geharnischt
ein sich Drehen im Kreise
der tanzenden Dame umringt
von hofnärrischen Musikanten –
Stufen und Schräge: Trennung
der Geschlechter.

Schwarz – „heldisch und monumental"

Atemberaubend die Schwärze
und die Magie der Fragmente
schwebend im Raum – klassischer
Spitzentanz entlang der vor-
gezeichneten Spirale: Öffnung
hin in den Raum der beiden
Scheibenfiguren – ein Auf und Ab
in maßvollem Schreiten – Sonne
und Sterne in kosmischem Kreisen
ein Senken und Heben der Arme
ein Anwachsen und Abnehmen
der Zeit – goldene Monde kreisen
im Einklang mit den Bahnen
von Planeten und fremden Galaxien –
bis sich die Symmetrie in der Diagonalen
verliert, der *Abstrakte* zurückblickend
ein Ende einläutet, die Spirale
über seinem Herzen sich öffnet.

VON DER STUTTGARTER SCHULE zum BAUHAUS

Fritz Winter (1905-1976)

„Ich blicke in das Innere der Natur, die gleichsam vor meinen Augen transparent wird." Fritz Winter

Von der Zelle ausgehend findet Fritz Winter für Formen pflanzlichen Wachsens Metaphern, die nicht aufs Äußere fixiert sind, sondern eine tiefere Schicht freilegen. Mit der Eiform, die auch der äußeren Form eines Kornes entspricht, verbindet er amorphe, abgerundete, aus der Geometrie abgeleitete Formen. Die nach oben gerichteten Triebe könnten schon die kristallinen Formen präfigurieren, die zu lichtdurchfluteten Kristallsäulen anwachsen werden. Die Komplexität dieser Formen verbindet sich nun mit kosmischen Dimensionen, ein Netz entsteht, das Sternbilder evoziert, das an die Bahnen von Monden und Sonnen anknüpft. So verbindet sich das Runde mit dem Kantigen, später dringt Farbe aus dunklem Gewebe und verweist auf Adolf Hölzel und Willi Baumeister.

Ob Mikro- oder Makrokosmos, die Natur bleibt das zentrale Thema für Fritz Winter. „Der Zyklus ‚Triebkräfte der Erde', den der Soldat Fritz Winter während eines Fronturlaubes 1944 schuf, wird bestimmt von lichtdurchflutet-transparenten Formen, die sich gegen das schattige Erdreich durchsetzen.

Fritz Winter charakterisiert das ins Dunkel fallende Licht als schöpferisches Prinzip, das immer wieder Leben und Entwicklung ermöglicht." In der Tat strömt dieses Licht direkt aus den kristallinen Formen, und indem keine deutlichen Quellen erkennbar werden, erscheint es voller Magie und Transzendenz. Dass Fritz Winter an solcher Thematik gelegen war, wird auch an den fernöstlich inspirierten Tuschen deutlich, die an Julius Bissier denken lassen.

Meditationsbild

Aussonderung - Erwählung
Verschmelzung mit dem Anderen
dem Gleichartigen
dem Polaren
gemeinsame *Durchdringung*
im Raum, Ausrichtung zum Licht
Anreicherung zur komplexen Form
und *Verspannung*
in der *Konfiguration*
des Lebendigen.

Titel von Bildern von Fritz Winter (Ausstellung im Kunstmuseum Stuttgart 2013)

Das Oval von Ei
und Korn – die weiche runde
Form des Lebenden.

Triebe – leuchtende
Stalakmiten – sich öffnend
nach oben zum Licht.

Kreisende Schalen
der Zwiebel – aus ihnen bricht
Korn, Blüte und Frucht.

(Haikus)

Urformen – Zellen
und Kreise – das Sperrige
Verstörende und
Verletzende – dennoch ruht
im Kristallinen das Licht.

(Tanka)

Kristalline Vernetzung
in *Lichtsäulen* reflektiert
das Licht ferner Sonnen.

Lineaturen wachsen
zwischen nur angedeuteten Sternen
und dunkle Sonnen verspannen
kosmische Konfigurationen.

Fritz Winter

eine andere Welt

gegen das Verrinnen der Zeit
gegen die Auflösung der Konturen
gegen den Schwindel erregenden Absturz
Halt suchen
in Spinnwoben und Flechten
in den Rhizomen der Erde
sich einfügen in kosmische Bahnen
mit Sonne und Mond
kommunizieren –
richtungsweisend
dem Boot, das Schiffbruch
zu erleiden droht – stattdessen
träumend verfügen
über eine andere Welt

der nächtliche Himmel

die gelbe Spinne
sitzt im Netz der Gestirne
Wucherungen und Narben
breiten sich aus und verlöschen
die gelbe Spinne
verkriecht sich mitunter
im Faltenwurf des Himmels
und fügt sich scheinbar
in die Ordnung der Sterne

die Rotation der Gestirne
Helligkeiten
auf nachtblauen Bahnen
vergitterte Räume
durchdrungen von
Lichtgespinsten
maskenhaft
für Momente
der weiße Mond

Reduktion
der Spiegelung
auf dem lichtgewellten See.
Fein strukturiertes Gewebe,
in dem sich das Licht fängt,
eiförmig wolkig
gebärend
gleitet der Mond
aus dem Raum.

Fritz Winter
Maske, 1928

Zwischen den Zeiten

Die Maske abgetaucht
hinter dem Gesicht
auf blauem Meeresgrund
Ammoniten behangen
aus einer verschollenen Zeit.
Leben taucht lautlos
aus dem Wasser.
Der Geburtsschrei
wird hörbar erst
in der Folge der Geschlechter.
In der Kristallisation der Formen
der Brechung der Farben
entstehen Welten.
Die frühe Maske aber
besteht – verborgen hinter
der Vielfalt der Gesichter.

Lebenslinien freigelegt

Lebenslinien freigelegt
durch das Abtragen von Oberflächen.
Sich einlassen auf das Vexierspiel
von Rundem und Kantigem
von Körper und Kleid
Gesicht und Maske.
So wird der Buchstabe
zum beseelten Zeichen
das Wort zum Symbol
einer transparenten
Transzendenz.

Fritz Winter
Große Komposition IV, 1934

Strahlendes Licht
strömt durch ein Prisma
aus strukturierter Dunkelheit
Lichtpunkte –
kleine verborgene Monde
in wechselnder Konstellation –
das Rot der Sonnenscheibe
in die Peripherie verbannt
verspannt doch recht eigentlich
die kristalline Landschaft.

Fritz Winter
Komposition über erste Blüte im Walde, 1940

Blütenköpfe
Vogelfigurationen
Verschränkung
von Stängeln und Blättern –
ein Ineinander
und Auseinander
von Körpern im Werden.

Fritz Winter
Ohne Titel (Triebkräfte der Erde), 1944

Licht fällt in das Dunkel
entwickelt Keime
spitz zulaufende Triebe
sich rundend
Formen, deren Metamorphose
noch unbestimmt.

Im Wachsen verstärkt sich
die runde Form, wird zur Wiege
zur Sichel des Mondes –
erinnert an Steinformationen
in den Wüsten Marokkos
Geburt in der Höhle –
verschleiert, traumgeboren
ortlos, raumlos, unbestimmt –
farbige Schatten von
Triebkräften der Erde –
ein Chaos beginnt sich zu ordnen.
Aus dem Runden, Lichten
wachsen die Knospen.

Noch durch die Splitter
scharfkantiger Lanzen
wächst flammengleich
die Blume
und öffnet sich
wie eine Schale
dem Licht.

Fritz Winter
Zwischen Rot und Violett, 1951

Wie sich schwarzes Geflecht
über die Sonnen breitet
und Schlieren von Licht
Form verschleiernd
zerfließen, so stößt wirbelndes Blut
vor zum Herzen –
Schalen gebärend den Keim
sich öffnend in eine transparente
Helligkeit – überleben.

Fritz Winter
Februar, 1963

Aus dem Gitterwerk von Baum und Ast
Spuren von Grün
die Präfiguration von knospender Blüte
und Himmelsblau.

In der Dunkelheit verfangen
ein ungewisses Leuchten –
im Verborgenen
die sich öffnende Gebärde
des ans Kreuz Geschlagenen.
Die Spannung der farbigen Akzente
aus dem dunklen Raster der Bäume –
als erhebe sich der Mensch –
und aus dem Nichts spräche Einer
das „Gerettet".

Der rote Sonnenball
in seiner Verankerung
der kristalline Lichtstrahl
der zum Leben erweckt.

DER ÖSTLICHE WEG: SPIRITUELLE ABSTRAKTION

Julius Bissier (1893-1965)

*„Aber da ist die unentrinnbare eigene Natur,
die mir diktiert, Zeichen des ‚Lebens' zu schreiben."*
Julius Bissier

„Alles ist mir inzwischen zur Bewegung geworden."
Julius Bissier

Julius Bissier war der Eremit, der Einzelgänger, unter seinen Zeitgenossen. Doch war er befreundet mit Oskar Schlemmer und Willi Baumeister und hat auch Fritz Winter zu östlich inspirierten Blättern angeregt. Eine ganz besondere Freundschaft verband ihn mit Erhart Kästner, der durch seine lange Wüstenerfahrung als Kriegsgefangener in Ägypten, die er im „Zeltbuch von Tumilat" (1949) niedergeschrieben hat, Kunst als zwischen Zeichen und Leere existenziell erlebt hat.

Die Tuschen von Bissier entsprechen der ostasiatischen Übung, die verglichen werden kann mit dem Bogenschießen der Zen-Meister. Mit großer Geduld werden viele Versuche rasch hintereinander unternommen, im selben Zustand, in derselben Spannung. Es ist ein serielles Arbeiten *im Zustand des fast Halbbewussten, in hellwacher Selbstvergessenheit.* Das meiste so Geschaffene wird verworfen, meist wird nur eine Arbeit ausgewählt. Diese Blätter ha-

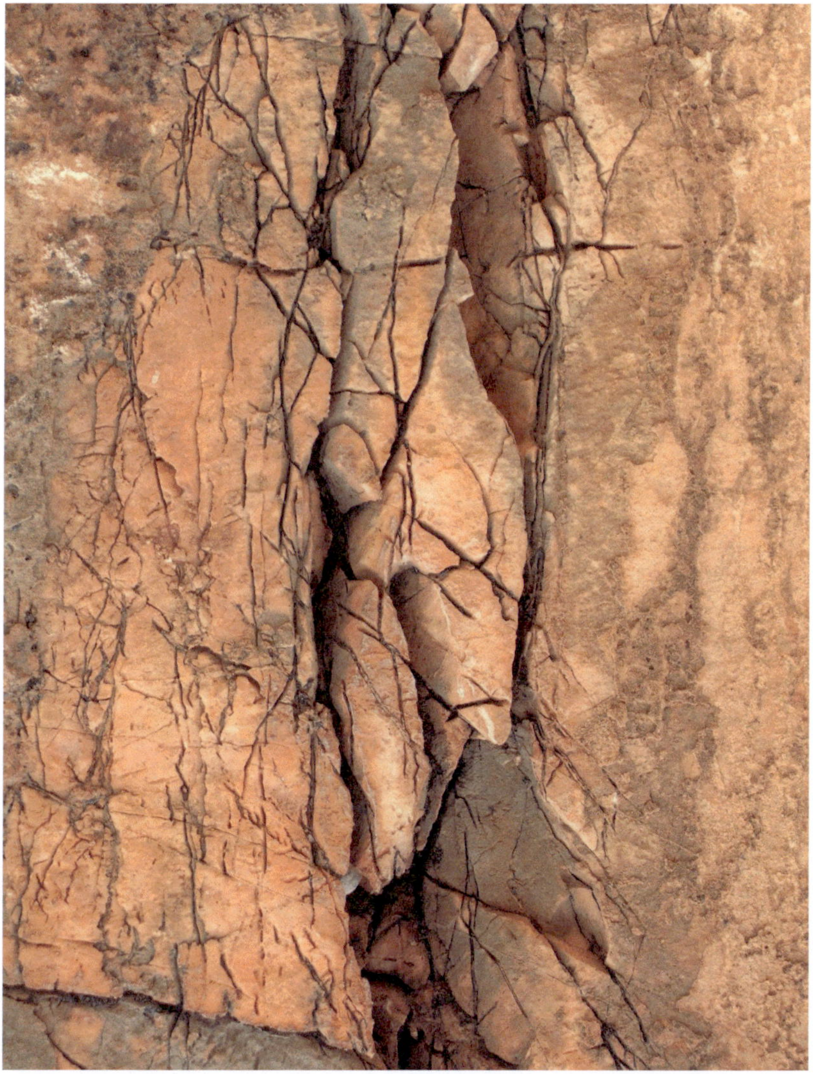

ben den *Stempel des Momentanen, des Flüchtigen, sind Augenblicke des Glücks* und Metaphern für die als absolut empfundene Zeit. Für die Griechen war es der Jüngling *Kairos*, der auch im rechten Augenblick an seiner Locke ergriffen werden musste. Bissiers Tuschen werden noch höher als seine farbigen Ei-Öl-Miniaturen und seine bunten Aquarelle geschätzt. Sie seien *„geheimer, zentraler und weiser, eingeweihter"*, urteilt Erhart Kästner. In Bissiers Todesjahr werden die spröden Gesten *„immer einfacher und freier, eine spontan aus dem Augenblick entbundene Pinsel-Herz-Schrift."* Am 31.1.65. werden 6 Tuschen vom Künstler akzeptiert.

„Er suchte nun nicht mehr den Dingen selbst, sondern deren Wesenhaftigkeit Gestalt und Ausdruck zu geben."   Jochen Ludwig

„Von der Wirklichkeit zum Ursprung der Wirklichkeit [...]: mitten hinein in den Pulsschlag von konkreter Erscheinung der Dinge – und Leere."

Matthias Bärmann zitiert den japanischen Philosophen Hisamatsu.

Julius Bissier (Hrsg. von Jochen Ludwig) Museum für Neue Kunst, Städtische Museen Freiburg (2004) Darin: Erhart Kästner, „Lauter Versuche desselben Zeichens" – Zitate: S.9,10,11und Matthias Bärmann, „Der gewendete Blick" Zitat S.31

Julius Bissier

Das reine Gefäß
als Hohlform - nach Frucht heischend:
Seelenbehältnis.

Frucht - formgebende
Begrenzung - gleich dem Vorstoß
in den leeren Raum.

Ausgesparter Raum -
damals als Schmetterlinge
ihn flatternd füllten!

Dunkle Zeichen in
die Transparenz des Blattes
gefügt: gefestigt.

In den leeren Raum
setzt die Geste des Körpers
Zeichen des Lebens.

(Haikus)

Julius Bissier hat einigen Tuschzeichnungen den Titel „Oknos" gegeben. Es handelt sich dabei etwa um eine nach unten offene ‚8'. Pausanias beschreibt Oknos als arbeitsamen Menschen. Er flocht Seile aus Schilfrohr, die eine Eselin neben ihm fortwährend auffraß.

Das Seil des Oknos
flochten heißt wie Sisyphos
glücklos glücklich sein.

(Haiku)

Literatur:

Adolf Hölzel: Einiges über die Farbe in ihrer bildharmonischen Bedeutung und Ausnützung. Mit einer Einführung von Wolfgang Kermer (staatliche Akademie der Bildenden Künste Stuttgart 1997

Kunst ist eine Wissenschaft – Hölzel, Baumeister und die Stuttgarter Akademie, Hrsg. Ulrike Gross und Daniel Spanke (Kunstmuseum Stuttgart). Darin vor allem: Daniel Spanke: „Dem Selbständigen die Wege zu ebnen" Adolf Hölzel und Willi Baumeister – Lehrer, Schüler, Künstler

Willi Baumeister – der Maler im Dialog mit den „elementaren" Kunstformen der Welt / Nicola Assmann in: Willi Baumeister, Dialog der Kulturen (Edition Schlichtenmaier)

Willi Baumeister, Gilgamesch – Text: Corinna Höper (Freunde der Staatsgalerie Stuttgart – Stuttgarter Galerieverein e.V.), Ostfildern 2010

Julius Bissier (Hrsg. von Jochen Ludwig) Museum für Neue Kunst, Städtische Museen Freiburg (2004) Darin: Erhart Kästner, „Lauter Versuche desselben Zeichens" – Zitate: S.9,10,11und Matthias Bärmann, „Der gewendete Blick" Zitat S.31

Fotos: Marmor Numidicus aus dem Steinbruch von Chemtou (Simitthus) im Nordosten Tunesiens – der Marmor wurde für Kaiserbauten am ganzen Mittelmeer verwendet und gehört zum kostbarsten Gestein der Antike.

Ingeborg Bauer

Studium der Germanistik und Anglistik. Nach dem Staatsexamen als Studienrätin tätig.
Volkshochschuldozentin in Esslingen (Englische Konversationskurse mit Schwerpunkt „Englischsprachige Literatur der Gegenwart").
Freiberufliche Mitarbeit in einer Galerie für zeitgenössische Kunst, Vernissagen, Texte für Kataloge.

Veröffentlichungen u.a.:

- „Mental Maps" - Lyrik und Kurzprosa (2003)
  ISBN 3-89906-447-X   € 4,80
- „Das Blau des Himmels aber birgt den Engel"
  - Lyrik (2004)
  ISBN 3-899906-795-9   € 7,80
- „Traumverwandt die Schatten der Dinge" -
  Lyrik und essayistische Prosa (2005)
  ISBN 3-89906-597-2   € 8,80
- „Sommerschwer die Vogelbeerdolden" -
  Lyrik (2005)
  ISBN 3-899906-596-4   € 8,80
- „Die Melodie des Ölbaums und der Palme" –
  Reisen in den Maghreb" (2007)
  ISBN 978-3-8334-6807-0   € 11,80
- „Am blauen Rand Europas - Inseln im östlichen Mittelmeer" - Lyrik (2008)
  ISBN 978-3-8379-5744-4 € 11,90
- „Ägyptischer Bilderbogen - Tagebuch einer Ägyptenreise" (2009)
  ISBN 978-3-8370-8722-2   € 25,00

- „Es streift eine dunkle Flöte" (2010)
  ISBN 978-3-8391-4233-2   € 14,80
- „Annette von Droste-Hülshoff - eine
  Annäherung" (2010)
  ISBN 978-3-8391-4670-5   € 14,80
- „Von Wald, Wasser und Wind
  und einer bewegenden Geschichte
  Polen - Baltikum - St. Petersburg" (2011)
  ISBN 978-3-8423-4030-5   €35,90
- „Im Bannkreis Venedigs - Venedig - Kroatien -
  Korfu" (2011) ISBN 978-3-8423-5850-8 € 24,90
- "Peer Gynt und das menschliche Maß -
  Gedanken zu einer Norwegenreise" (2012)
  ISBN 978-3-8448-1092-9 €19,90
- „Spiegel innerer Räume - Lyrik zu Bildern von
  Paul Klee" (2012) ISBN 978-3-8448-1601-3
  € 24,90
- „Auch am Rand ist in der Mitte - eine (nicht
  nur) literarische Reise durch Irland" (2013)
  ISBN 978-3-7322-3730-2   € 20,90